think dance!

Astrid Weger

think dance!

Mein Booklet zum Tanz
shortcut Komposition

Bibliografische Information der Deutschen Nationalbibliothek:
Die Deutsche Nationalbibliothek verzeichnet diese Publikation in der Deutschen
Nationalbibliografie; detaillierte bibliografische Daten sind im Internet
über http://dnb.d-nb.de abrufbar

Herstellung und Verlag: Books on Demand GmbH, Norderstedt

ISBN: 9783839182949

INHALT

MEIN PROFIL

NAME

FOTO

BEWEGUNGSVORLIEBEN

TANZERFAHRUNG

MEINE STÜCKIDEEN

6

Blogg me, baby, Astrid Weger 2010

as ist Tanz?

as fällt dir ein zum Thema Tanz?
elche Stile kennst du?
ann und wo hat man getanzt?
ennst du einen Choreographen oder Tänzer?
elche Tanzbewegungen wirken aufregend?
ie denkt man sich Tänze aus?
arum gefällt dir eine Choreographie?

mmle Eindrücke zum Tanz - Bilder, Videos, Texte und eigene Ideen und starte ein
nztagebuch.

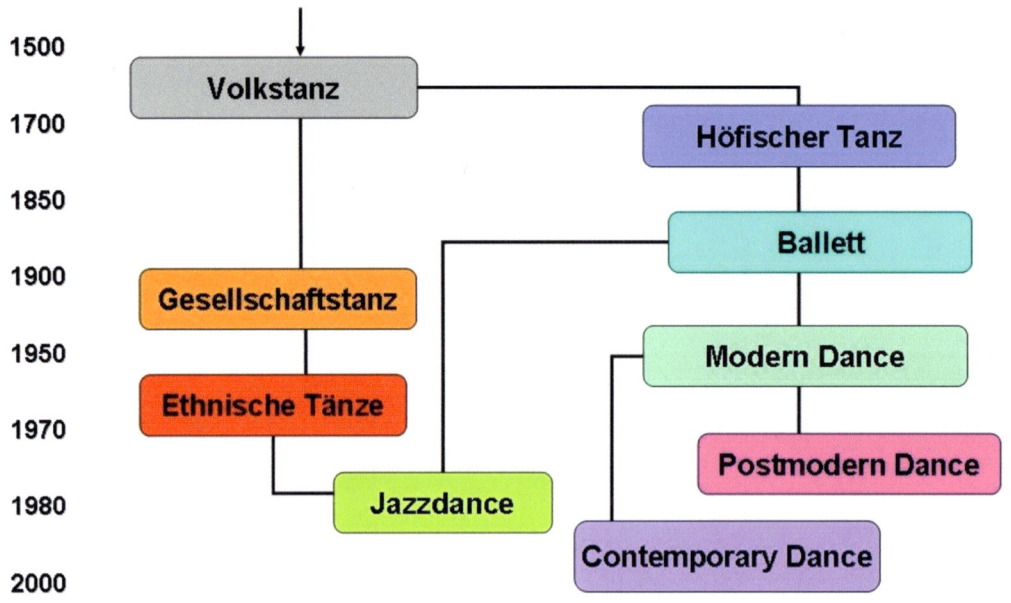

Organigramm zur Entwicklung der Bühnentanzformen

1500	Volkstanz
1700	Höfischer Tanz
1850	Ballett
1900	Gesellschaftstanz
1950	Modern Dance
1970	Ethnische Tänze · Postmodern Dance
1980	Jazzdance
2000	Contemporary Dance

Die verschiedenen Bühnentanzformen stammen ursprünglich aus dem Volkstanz

Der Tanz am Weg auf die Bühne

In der Zeit vor Christus hat der Tanz sowohl eine rituelle, religiöse als auch eine soziale, kommunikative Funktion in der Gesellschaft. Durch die Christianisierung werden im Mittelalter Europas die rituellen Tänze weitgehend zurückgedrängt. Der Tanz entwickelt sich aus dem Volkstanz in den Gesellschaftstanz und den künstlerischen Tanz auf der Bühne.

Mittelpunkt des Universums

Um 1500 wird mit der Renaissance der menschliche Körper anatomisch und künstlerisch wiederentdeckt und dadurch auch der Tanz gefördert. Italienische Renaissancefürsten feiern ihre gigantischen Feste als mehrtägiges Gesamtkunstwerk, inszenieren Themen a der griechischen Mythologie mit Faunen und Nymphen. Die (kleinen) Tanzeinlagen dari werden Balletto genannt. Katharina von Medici bringt das Ballett schliesslich durch ihre Heirat mit Heinrich II von den italienischen Renaissancehöfen nach Paris. Das damals gezeigte Ballet Comique de la Reine 1581 gilt als erste Aufführung der neuen Kunstform Ballett. Es gibt singende, tanzende und sprechende Rollen, gigantische Bühnenbilder in Symmetrie und Perspektive mit einer universellen überordnung.

Geometrische Bodenwege im Menuett um 1700

Loie Fuller begeistert 1902 mit ihrem Feuertanz

Reformen des Bühnentanzes und der Choreographie

st 1661 beruft der tanzbegeisterte Sonnenkönig Ludwig XIV. die Academie Royale de nse ins Leben, in der die klassische Technik des Balletts vereinheitlicht wird. Hundert Jahre äter propagiert der Tanzreformer Jean George Noverre das Handlungsballett, die ndlung eines Stückes soll ohne Text nur durch den Tanz selbst ausgedrückt werden.

Bürger auf der Bühne

t dem bürgerlichen Protest gegen den Adel am Ende des 18. Jahrhunderts wird die bunte alität des Volkes zum Thema der Bühnenästhetik. Im Revolutionjahr 1789 entsteht radezu zeitkritisch die Ballettkomödie La fille mal gardée, die der Noverre-Schüler uberval mit den ersten Menschendarstellungen choreographiert.

Romantische Sylphiden und Waldgeister

m romantischen Geist der ersten Hälfte des 19. Jahrhunderts entspricht der elfenhafte itzentanz, wie in Filippo Taglionis La Sylphide 1832, getanzt von seiner Tochter Marie, und erarbeitet 1836 von August Bournonville. Die Tanztechnik idealisiert die Entkörperung der llerina, für das Publikum eine Flucht aus der Wirklichkeit. Die Romantischen Ballette ginnen meist mit einem bunten Akt auf dem Land mit Handlung (ballet d´action), danach gt das ballet blanc, in dem die technische Brillanz der Tänzer gezeigt wird.

Die Zarenklassiker Russlands

n Ende des 19. Jahrhunderts ist das Ballett in Europa von einem künstlerischen einem gesellschaftlichen Ereignis geworden und wandert als Kunstform nach Petersburg. Durch die Zusammenarbeit von Marius Petipa mit P. I. haikowsky entstehen dort die Höhepunkte der Zarenklassik - rnröschen 1890, Nussknacker 1892 und Schwanensee 1877 bzw. 1895.

9

Befreiung durch den Freien Tanz

Um 1900 entsteht neben der Jugendbewegung auch die Hinwendung zu einer neuen Körperlichkeit und zur Antike. Loïe Fuller tanzt in raumgreifenden Kleidern bei der Weltausstellung 1900 in Paris, Isadora Duncan zeigt nach Inspirationen aus dem antiken Griechenland in lockerer Tunika und barfuss den Freien Tanz und hunderte Anhänger folg ihrem Vorbild - sie tanzen, um selber etwas auszudrücken. Darunter ist Mary Wigman - mit dem Solo Hexentanz 1914 die Inkarnation des Expressionismus im Tanz. Der Assistent des Tanztheoretikers Rudolf von Laban Kurt Jooss schafft 1932 ein politisches Stück, Der grüne Tisch, und legt damit den Grundstein für das deutsche Tanztheater. Seine Schülerin Pina Bausch arbeitet seit den 1970er Jahren mit dem Erfahrungstheater aus Tanz und Theater.

Die Ballets Russes

Ab 1909 sammelt der russische Impressario Serge Diaghilev 20 Jahre lang tänzerische, musikalische, poetische und malerische Grössen, wie Picasso oder Strawinsky für seine Ball Russes, die ganz Europa in ihren Tourneen begeistern. Der Choreograph Michael Fokine choreographiert mit Les Sylphides 1909 das erste reine ballet blanc, das abstrakte Ballett, d aus der Einheit von Bewegung und Musik ohne Handlung beruht. Der Ausnahmekünstler Waslaw Nijinsky, Le Sacre du Printemps 1913, seine Schwester Bronislawa Nijinska, Les Noc 1923, und Leonide Massine, Parade 1917, choreographieren bemerkenswerte Werke, die si grundlegend von der bisher bekannten Klassik unterscheiden. Mit Apollon Musagète begründet schliesslich George Balanchine 1928 das Neoklassische Ballett.

Der amerikanische Modern Dance

In den USA entsteht im Gegensatz zu Europa der Modern Dance ohne Vorläufer. Aus der Denishawn School von Ruth St. Denis und Ted Shawn gehen ab 1915 sämtliche Pioniere de amerikanischen Tanzes hervor, unter ihnen die Begründerin des Modern Dance Martha Graham, die mit starkem Bewegungsrepertoire mythologische und ernste Themen und sic selbst dramatisch zu inszenierten vermag.

Die amerikanische Choreographin Doris Humphrey erkennt die Gravitation als Herausforderung an die Bewegung. José Limón entwickelt mit ihr seine Choreographien m Schwüngen, suspension und weichen, fliessenden Bewegungen.

Der einflussreichste postmoderne Choreograph, Merce Cunningham, erhebt ab 1950 den Zufall zum Strukturprinzip und stellt (Minimal-) Musik und Tanz auf eine Entstehungs- und Aufführungsebene. Seine Zusammenarbeit mit dem Komponisten John Cage ist richtungsweisend für die zeitgenössische Tanzszene.

Alvin Aileys Revelations, zu Spirituals choreographiert, wird 1960 zum Inbegriff für Jazztan

Ausdruckstanz nach 1900

Judson Church Group und Postmodern Dance
Entzündet durch den Vietnamkrieg rebelliert Ende 1960 eine neue Generation von US-Choreographen mit experimentellem Tanz gegen die etablierte Tanzszene. Die New Yorker Judson Church Group verwendet Improvisation während der Aufführungen. Happenings und Site-Performances in Supermärkten, auf Dächern eröffnen den Trend zur Outdoorperformance, der um das Jahr 2000 als Tanz in der Vertikalen und in spektakulären Choreographien mit Flugzeugen (Taurus Rubens, Hubert Lepka 2003) mündet.

Balanchines Apollon, 1928

Zeitgenössische Tendenzen
Mit dem 21. Jahrhundert steht die Konzeptkunst im Vordergrund, performative Solos überwiegen vor bewegungschoreographierten Ensembles. Aktuelle Merkmale sind der Einsatz von elektronischen Medien und globalem Bewegungsvokabular (bahok, Akram Khan 2008) und eine analytische Körperlichkeit (Self unfinished, Xavier Le Roy 1998). Die Wahrnehmungen der Choreographen werden oft mit visuellen Medien und interaktiver Publikumsbeteiligung aufbereitet. Klassische Tanztechnik wird als Trainingsform geübt, aber nicht immer auf der Bühne gezeigt. Die zeitgenössischen Bühnenstücke entstehen in choreographischer Zusammenarbeit mit den Kompaniemitgliedern und sind zu Gast bei internationalen Theater- und Tanzfestivals.

Trisha Browns Outdoor Performance 1965

NEXUS

Die tänzerische Inszenierung entsteht aus einem Geflecht aus den Strängen (Strands)
Tänzern, Bewegung, Raum und Ton – dem Nexus.

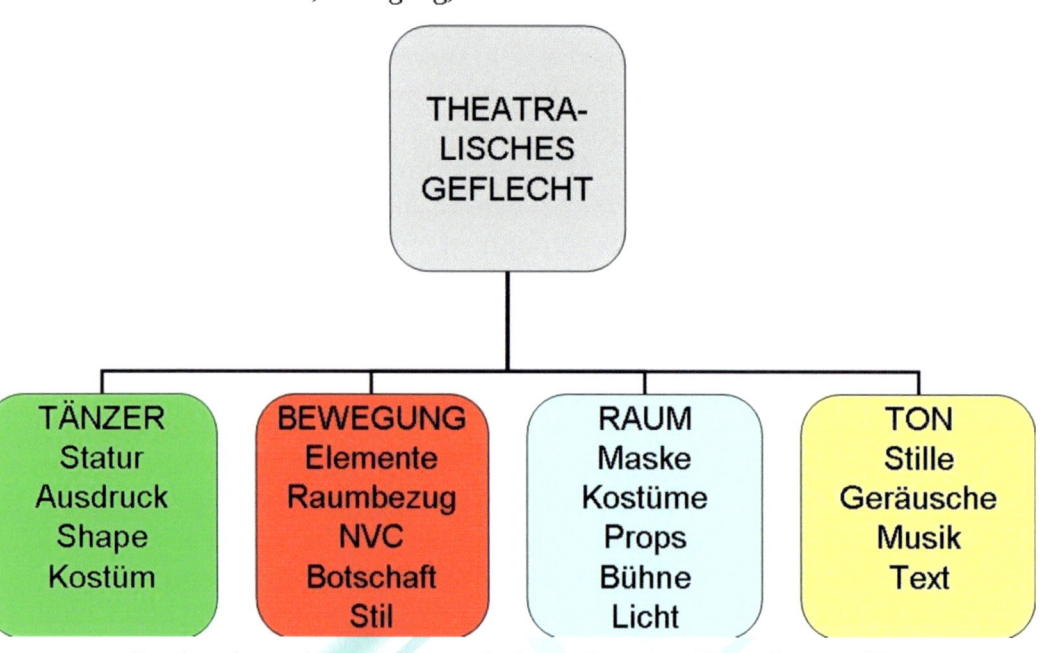

THEATRA-LISCHES GEFLECHT

TÄNZER	BEWEGUNG	RAUM	TON
Statur	Elemente	Maske	Stille
Ausdruck	Raumbezug	Kostüme	Geräusche
Shape	NVC	Props	Musik
Kostüm	Botschaft	Bühne	Text
	Stil	Licht	

Tanz besteht aus dem Beziehungsgeflecht von Bewegung, Tänzer, Raum und Ton

Prinzipiell kann man unterscheiden zwischen ..

	MOTIONAL	*EMOTIONAL*
Ebene	Formale Ebene	*Gefühlsebene*
Strukturierung	Räumliche Strukturen	*Beziehungsstrukturen*
Darstellung	Abstrakte Darstellung	*Konkrete Darstellung*
Interpretation	rhythmusbetont	*melodiebetont*
Gestaltung	Formationen	*Pantomime, Partnerwork*
Bewegung	Bewegung **ist** die Aussage	*Bewegung ist **Mittel** zum Zweck*
Musik	Zeitgenössische Musik	*Klassische, Jazzmusik*
Beispiel	z.B. Merce Cunningham	*z.B. Ballett „Nussknacker" Musical „Cats"*

BEWEGUNG ist ..

Aus Alltagserfahrungen nimmt man Bewegungserfahrung mit.

RAUM	ZEIT	ENERGIE
Wolkenkratzer Lift Meerestiefe Schlamm Sudoku Fingerklopfen Radfahren Vorbeugen einfädeln Parklücke	Eile 7:45 a.m. plötzlich Langeweile jetlag verrostet Verspätung Frühling hektisch Kalender Steinzeit Geburtstag	Explosiv welk lässig burn out abwartend nervös sparsam geniessen aufmerksam überschäumend zart verhalten

Struktur der Bewegung   elements of movement

Labanstern

emente unterscheidet
Tanztheoretiker
dolf von Laban in der
uktur der Bewegung -
per, Aktion, Raum,
ergie und Beziehung.
verwenden sie als
usteine zur
rovisation,
mposition und bei der
obachtung und
urteilung der
vegung.

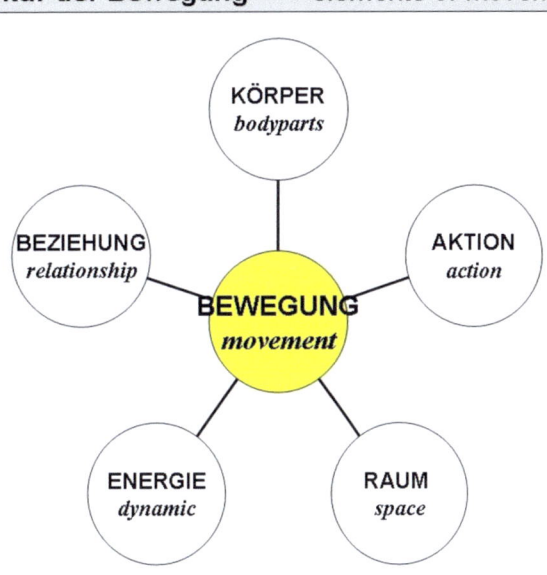

BODY STRUCTURE & ACTION

Spherical Symmetry

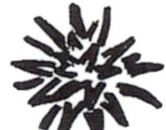

Seeigel

Radial Symmetry

Seestern

Bilateral Symmetry

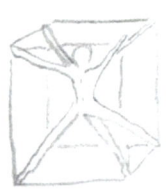

Mensch

Häufig verwenden wir radial 3-dimensionale, 2-dimensionale und 2-seitige Bewegungsmuster

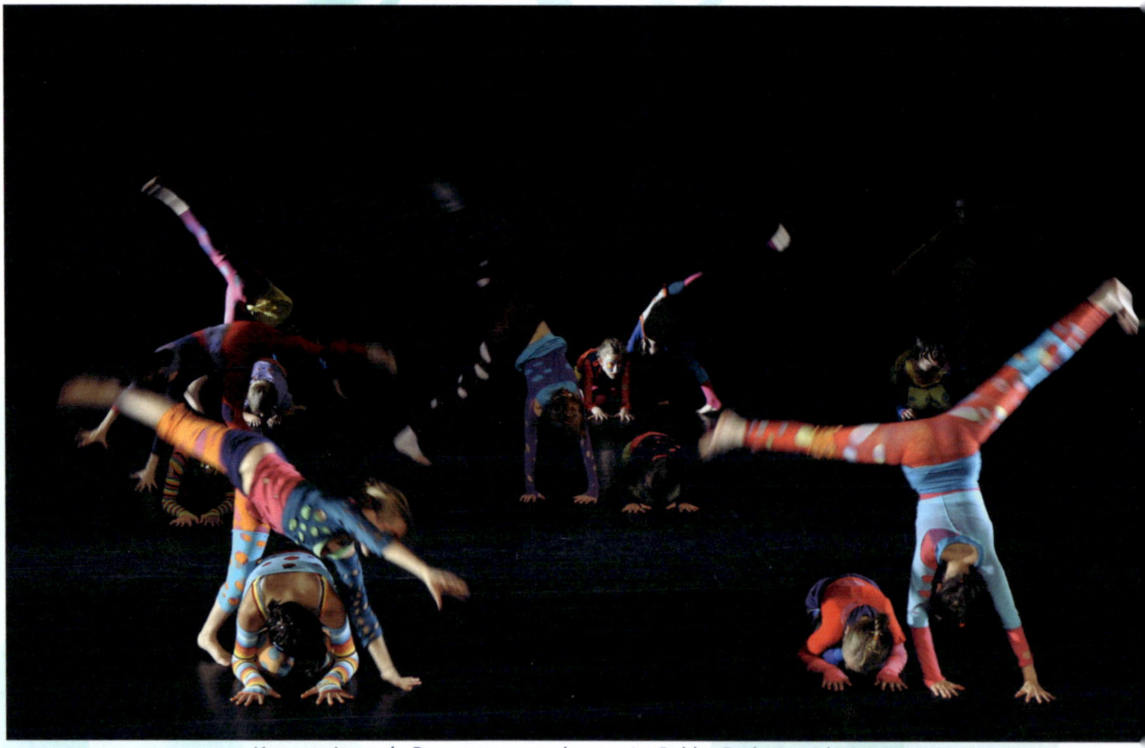

Kontrastierende Bewegungsstrukturen in Gekko Park, Astrid Weger 2010

BODY INSTRUMENTATION

Bewegungsabläufe innerhalb des Körpers

Isolation
Ein Körperteil artikuliert als Geste.

Simultan
Mehrere Bewegungen finden gleichzeitig statt.

Sequential
bezieht sich auf hintereinander ablaufende Bewegungen, z:B. *monolinear*, von einem Gelenk des Armes zum anderen.

Sukzessiv
das Bewegungsmuster wandert z.B. als Bewegungsrhythmus von einem Körperteil (Arm) zum anderen (Bein).

Posture-Gesture-Merge
Integrated Movement: Haltung und Geste fliessen ineinander über.

Die Instrumentierung beschreibt, in welcher Art die Bewegung durchgeführt wird.

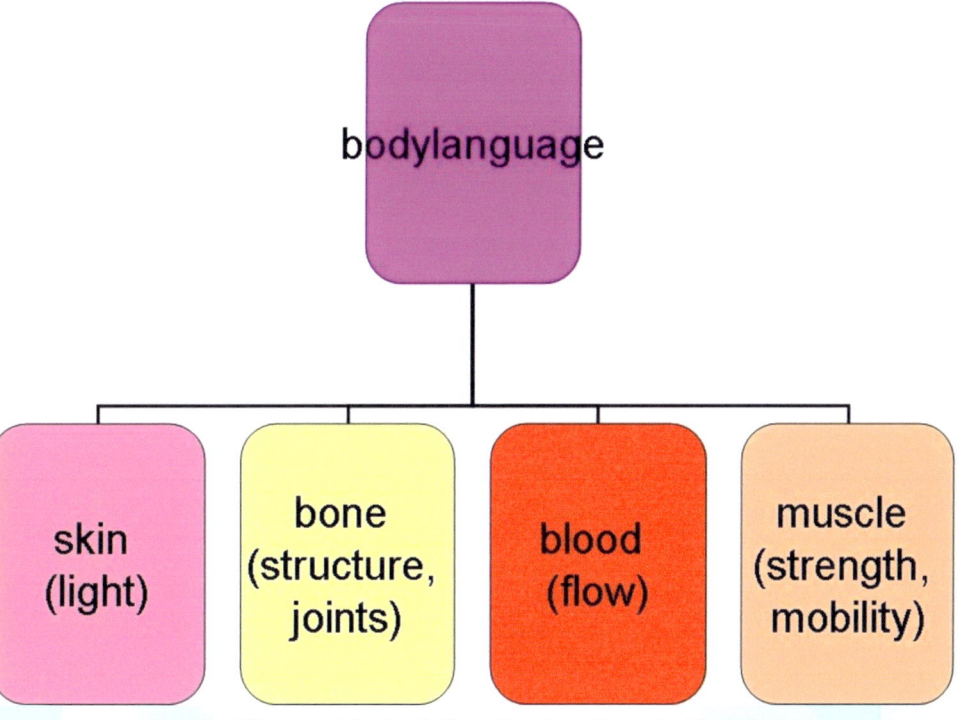

Der Körper spricht durch Haut, Knochen, Blut oder Muskeln.

BEWEGUNGSBEOBACHTUNGSBOGEN *MOVEMENT OBSERVATION SHEET*

NAME:

Beschreibung/ Descriptive Paragraph/ cluster of main characteristics:
(Person/ Art der Bewegung/ Nutzen/ Zeitablauf/ persönliche Art der Ausführung)

BODY ASPECTS

Body attitude vertical sagittal horicontal combined
Body shape curved square linear twisted
Parts used 1 unit 2 units complex
Preferred Bodyparts head chest hip legs arms fingers feet
symmetry sagittal - front/ backside vertical - upper/ lower part lateral - right/ left side
Body flow successive simultaneous fragmented

SPATIAL ASPECTS

Use of kinesphere near medium peripheral combined
Use of level low middle high
Use of plane wheel table door
Pathways/ Floorpattern linear angular curved looped
Mvt. of gesture/ Airpattern central peripheral direct

ACTIONS

Preferred action translation rotation
Type of action travel jump turn stillness gesture
Direction Rising sinking advancing retreating opening closing

EFFORT

Main effort elements light/heavy direct/indirect free/bound sudden/sustained

Main Combinations

Typical phrasing/ Accent in phrasing beginning/ impuls end/ impact middle/ swing

SOCIAL INTERACTION

Blick/ Gaze long medium short fleeting never
Nähe/ Proximity close near medium far
Berührung/ Touch often sometimes little never
Gewicht/ Weight no some giving taking

Im Bewegungsprofilbogen werden persönliche Gewohnheiten festgehalten.

Generelle Typen von <u>Bewegungsmaterial</u> kommen aus:
Ballett
Graham Technik
Cunningham Technik
Humphrey/Limon Technik
Steptanz
Jazztanz
Breakdance
Gesellschaftstanz
Flamenco
Capoeira
Ethnischer Tanz und Volkstanz
Historischer Tanz
Contact Improvisation
Zirkuskünste
Trapezkunst
Arbeitsbewegung
Sportbewegung
Alltagsbewegung
Kodifizierte Zeichensprache
Nonverbal Communication Movement NVC
persönlicher Bewegungsstil des Choreographen bzw. Tänzer

Cunningham: zielt auf die Architektur des Körpers im Raum, Rhythmus und Artikulation.

Graham: Modern Dance mit *Contraction, Release* und der *Spirobewegung* der Wirbelsäule

Limon: erprobt den Gebrauch der Energie in Relation zu Schwerkraft (*gravity*) und arbeitet mit Gewicht im *fall, rebound, recovery* und *suspension*.

Release: legt Augenmerk auf das Minimieren der Spannung in der Suche von Klarheit und Bewegungsfluss bei effizientem Gebrauch von Energie und Atem.

Tanztheater: Zeitgenössische Tanztechnik und theatralische Elemente werden zum kreativen Erforschung und zur Rekonstruktion des Tanzvokabulars genutzt.

ÜBERSICHT IMPROVISATION

Improvisation: basiert auf Bewegungsfindung und -entwicklung und seiner Beziehung zur Performance.

Contact Improvisation (CI): beschreibt einen Tanz mehrerer Tänzer, der charakterisiert ist durch Impulse, Nehmen und Geben von Gewicht und Bewegungsfluss.

Viewpoint: Strukturierte Theaterimprovisationsarbeit mit dem Augenmerk auf Raum- und Körper-Beziehung.

Tanztechniken, Improvisationstechniken und Körperarbeit sind das Werkzeug zum Tanz.

Trainieren bedeutet, den Körper durch Bewusstheit mittels angemessener Dauer, Intensität und Wiederholung anzupassen. Der Körper gewinnt durch die übungen an Flexibilität, Balance, Kraft, Ausdauer und gesteigerter Bewegungsqualität.

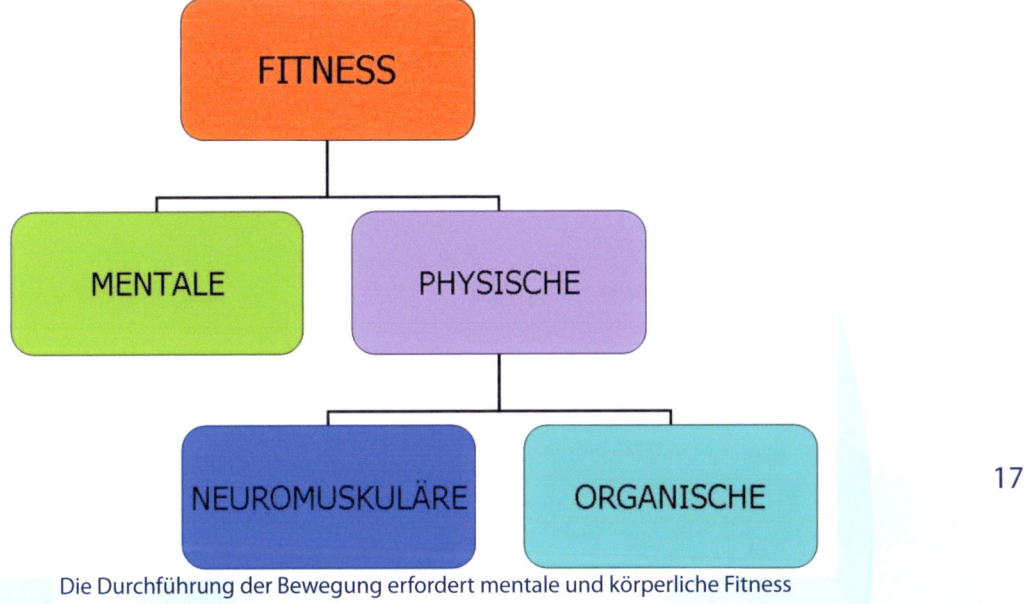

Die Durchführung der Bewegung erfordert mentale und körperliche Fitness

17

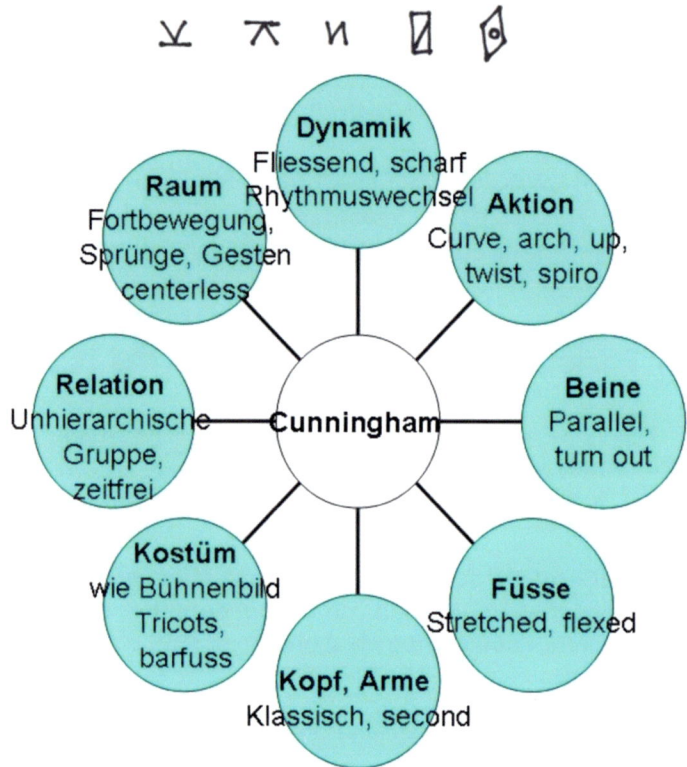

Merkmale einer Tanztechnik sind neben Körper, Raum, Beziehung, Dynamik auch Kostüme oder Musik

Tanztechnik Diagramm
Vergleiche diese Beschreibung der Cunninghamtechnik und zeichne
ein Diagramm zu den Merkmalen einer anderen Tanztechnik:
Tango, Hip Hip oder Ballett.

Sportreporter
Beschreibe Bewegung und Raum im Fussballspiel.

Bewegungsanalyse im Alltag
Beschreibe die unterschiedlichen Bewegungen von Personen beim
Warten an der Bushaltestelle, beim Frühstücken.
Beobachte deine eigenen Bewegungen im Laufe eines Tages.

ACTION	*the physicality of movement*

12 CATEGORIES OF ACTION

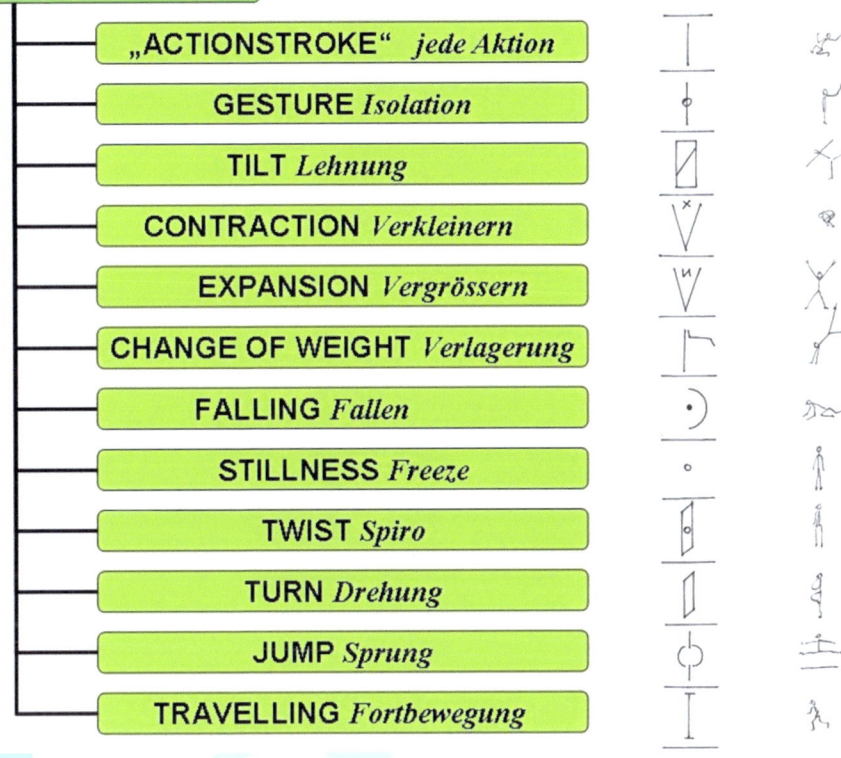

- „ACTIONSTROKE" *jede Aktion*
- GESTURE *Isolation*
- TILT *Lehnung*
- CONTRACTION *Verkleinern*
- EXPANSION *Vergrössern*
- CHANGE OF WEIGHT *Verlagerung*
- FALLING *Fallen*
- STILLNESS *Freeze*
- TWIST *Spiro*
- TURN *Drehung*
- JUMP *Sprung*
- TRAVELLING *Fortbewegung*

Wir unterscheiden 12 grundlegende Aktionsformen, sie können durch actionsigns gezeichnet werden.

AKTIONSFORMEN   *actions*

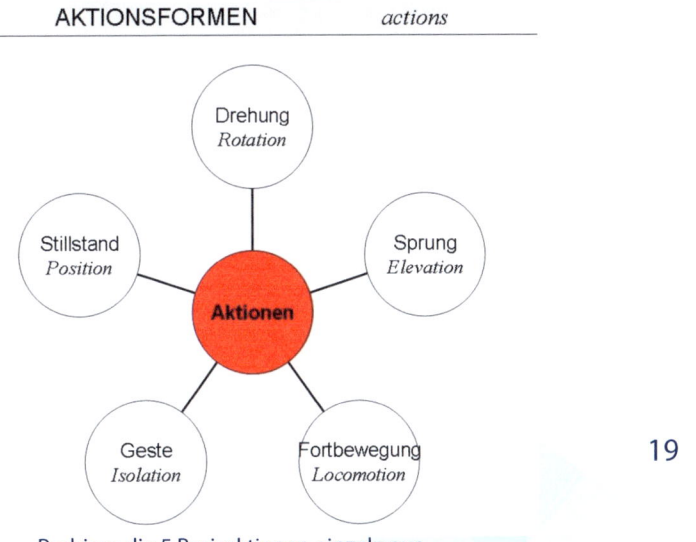

Probiere die 5 Basisaktionen einzeln aus.

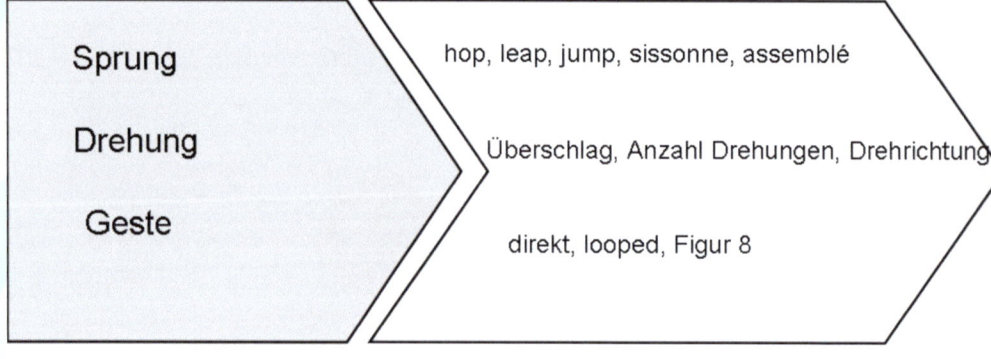

Beschreibe die Aktionen in Urban Ninjas, Astrid Weger 2009

Definition der Beschreibungsgenauigkeit

Die Beschreibung kann sehr allgemein oder detaillierter sein.

Sprung	hop, leap, jump, sissonne, assemblé
Drehung	Überschlag, Anzahl Drehungen, Drehrichtung
Geste	direkt, looped, Figur 8

GENERELLE & DETAILLIERTE BEWEGUNGSBESCHREIBUNG

Bewegungen können allgemein oder detaillierter beschrieben werden.

WIRBELSÄULE

Die Wirbelsäule (*spine*) ist die Basis der Bewegung.

Sie besteht aus
24 einzelnen Wirbelkörpern (*vertebrae*)
mit dazwischenliegenden Bandscheiben
und den verwachsenen Knochen
Kreuzbein (*sacrum*) und Steissbein (*coccyx*)

mit einer Doppel-S-Kurve
Vorwärts-Kurve *Lordose:* Ohr bis Hals
Rückwärts-Kurve *Kyphose:* Hals bis Rippen
Vorwärts-Kurve *Lordose:* Rippen bis unter die Taille
Rückwärts-Kurve *Kyphose:* Taille bis Steissbein

und den 3 Bewegungsabschnitten
upper spine Hals-WS   Kopf bis oberhalb
                                    der Schulterblätter
middle spine Brust-WS   bis unter die Taille
lower spine Lenden-WS bis sacrum und coccyx

**Halswirbelsäule
C1-7**
7 Cervical Vertebrae

**Brustwirbelsäule
Th1-12**
12 Thoracic Vertebrae

**Lendenwirbelsäule
L1-5**
5 Lumbar Vertebrae

Kreuzbein
5 Sacral Vertebrae
Steissbein
4 Coccyx

Die Wirbelsäule ist das Bewegungszentrum des Körpers.

Das Skelett ist der Stützapparat der Bewegung
Kopf und Becken sind die Pole und gleichzeitig Endpunkt
der Wirbelsäule, die die Hauptbewegungsachse des Körpers
bildet. Ihre Beweglichkeit geht über alle 3 Achsen.

Arme und Beine sind bilateral symmetrisch - also
spiegelbildlich fast gleich - die gegenüberliegenden
Diagonalen (rechter Arm, linkes Bein) arbeiten z. B. im
Gehen und Laufen um die Wirbelsäule in kontralateraler
Symmetrie.

Die Knochen- und Gelenksstruktur des Armes und der des
Beines ist sehr ähnlich. Beobachte die Unterschiede
von Knochen und Gelenken in ihrer Funktion.

21

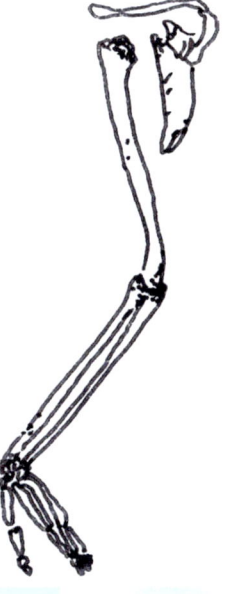

Das Armskelett

KNOCHENSTRUKTUR & FUNKTION

STRUKTUR	FUNKTION
LONG BONES Arme, Beine, .. Rippen ..	**MOVE** .. sind gewichtstragend und führend .. bewegen den Brustkorb zum Atmen
SHORT BONES Rist, Fussgelenk ..	**STRENGTH & MOBILITY** .. geben den Gelenken Kraft und Mobilität
FLAT BONES Schulterblätter, Pelvis, Schädel ..	**PROTECTION** .. schützen innere Organe
IRREGULAR BONES Wirbel, Gesichtsknochen ..	**SUPPORT** .. unterstützen die Funktion des Körpers

Die Knochen haben verschiedene Aufgaben innerhalb des Stützapparates

Anatomische Bewegungsrichtungen

Flexion – Extension   Beugen Strecken (Kniebeuge)

Hyperextension (Überstreckung)

Abduktion – Adduktion   Weg- und Herbewegen von der Mittellinie des Körpers (Armführung à la seconde)

Circumduction   kreisförmig zusammengesetzte Bewegung (Rond de jambe, Tennis Service)

Rotation around a longitudinal axis   Drehbewegung um die Longitudinale (turn in, turn out)

Gliding   Gleitbewegung (Translation entlang einer Achse)

Pronation - Supination   Rotation, Drehbewegung um den Rist (Hand- oder Fussgelenk nach innen und aussen drehen)

GELENKSBEWEGUNG   *possible joint movement*

Wirbelsäule SPINE	Flexion (Beugung)
	Extension (Streckung) Hyperextension (Überstreckung)
	Lateral Flexion (Seitbeuge)
	Rotation (Drehung)
Kopf HEAD	Flexion Extension Lateral Flexion
	Rotation mit dem 1. und 2. Halswirbel
Hüfte HIP	Flexion Lateralflexion Extension
	Rotation (3-dimensionale Bewegung beim Gehen)
Schulter SHOULDER	Abduktion Adduction (weg und her zur Körpermitte)
	Rotation medial / lateral (zur Mittellinie ein-, ausdrehen)
	Circumduction (3-dimensionale Bewegung)
Knie KNEE	Flexion Extension
Fussgelenk ANKLE	Dorsalflexion (flex) Plantarflexion (point)
	Supination Pronation (Rotation in / out)
	Flexion (plié) Extension (relevé)
Handgelenk WRIST	Flexion Extension
	Supination Pronation (Rotation in / out)

Die Gelenke haben entsprechend ihrer Fuktion verschiedene Bewegungsmöglichkeiten

MUSKELAKTIVITÄT

AKTIVITÄT	TONUS	BEWEGUNG	FORM
STATIC	ISOMETRISCHE KONTRAKTION	Körperspannung Keine Bewegung im Gelenk	Balance, Spannung, Bodydesign, stationary positions
DYNAMIC	ISOTONISCHE KONTRAKTION	Veränderung der Muskellänge des Muskels 1. Phase (*Agonist*): konzentrische Kontraktion (Gegenspieler/ *Antagonist*: exzentrisch) 2. Phase (*Agonist*): exzentrisch Kontraktion (Antagonist: konzentrisch)	Lauf, Sprung, Hebung Nervensystem führt zu Erhöhung der Herzfrequenz, Arbeitsmuskel erhöht die Frequenz und Tiefe der Atmung
RELAXATION	ELONGATION RELEASE	Stretching und Entspannung von bestimmten Muskelgruppen	Lockerung Kompensatorisch zur konzentrischen Muskelaktivität

Statische, dynamische und relaxierende Muskelbewegungen sollen variantenreich geübt werden.

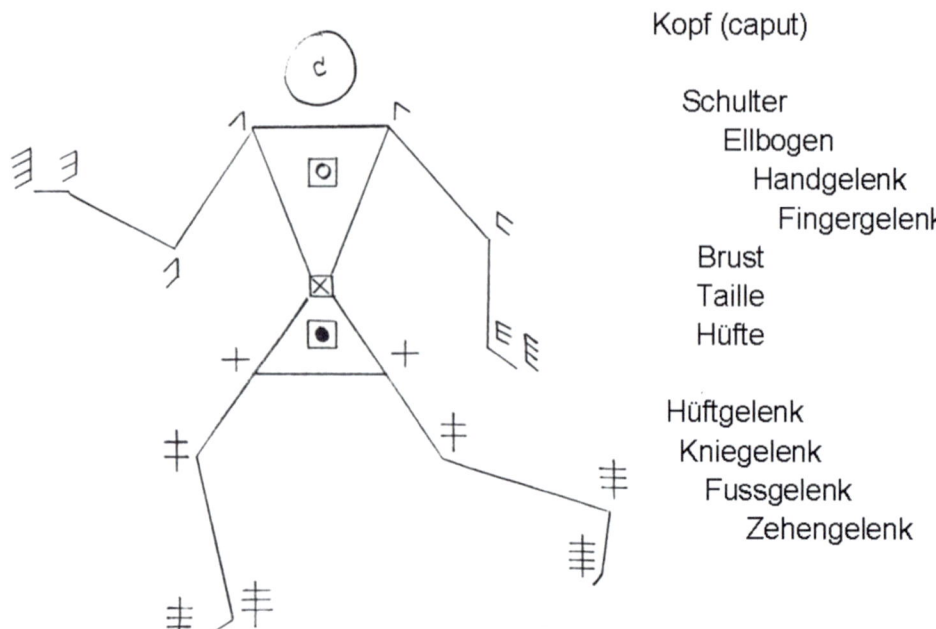

Kopf (caput)

Schulter
Ellbogen
Handgelenk
Fingergelenk
Brust
Taille
Hüfte

Hüftgelenk
Kniegelenk
Fussgelenk
Zehengelenk

Die Körperteile können mit den bodysigns grafisch dargestllt werden.

Motifwriting
Verwende die actionsigns und bodysigns um eine Bewegungsausführung zu beschreiben. Die Zeichen werden nebeneinandergesetzt, wenn sie gleichzeitig gemeint sind, die Abfolge der Bewegungen wird übereinander geschrieben und von unten beginnend gelesen.

Duo
Abwechselnd tanzen die Tänzer A und B eine freie Bewegung und ein Freeze. Entscheide in diesem Duo welche Körperteile die Bewegungen jeweils ausgeführt sollen. Die entsprechenden Zeichen für die Körperteile werden neben die actionsigns gezeichnet. Die Länge des Zeichens entspricht der Dauer der Bewegungsausführung entsprechend der Musik, z. B. auf 8 oder 4 Zählzeiten.

A   B

relationship

Out of Crowd, Astrid Weger 2010

Beziehung findet statt zwischen den Tänzern, dem Umraum und den Gegenständen, der Musik, dem Publikum und binnenkörperlich zwischen den Körperteilen des Tänzers. Nähe, Ausrichtung, Blick, Gewicht, Stimme, Energie haben Bedeutung und sind als Nonverbale Kommunikation zu verstehen.

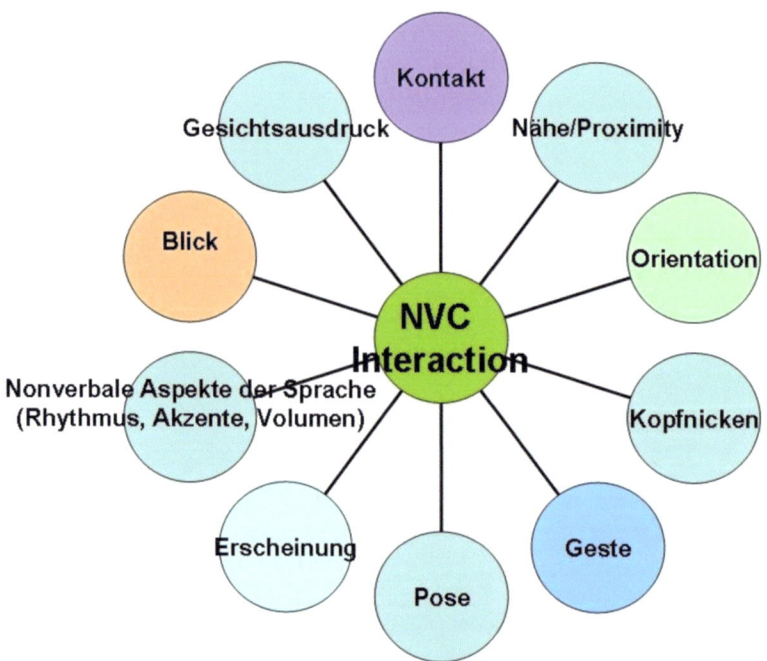

I love Milva, Astrid Weger 2007

NONVERBALE KOMMUNIKATION

- Kontakt
- Gesichtsausdruck
- Nähe/Proximity
- Blick
- Orientation
- NVC Interaction
- Nonverbale Aspekte der Sprache (Rhythmus, Akzente, Volumen)
- Kopfnicken
- Erscheinung
- Geste
- Pose

Die Mittel der Nonverbalen Kommunikation im Tanz

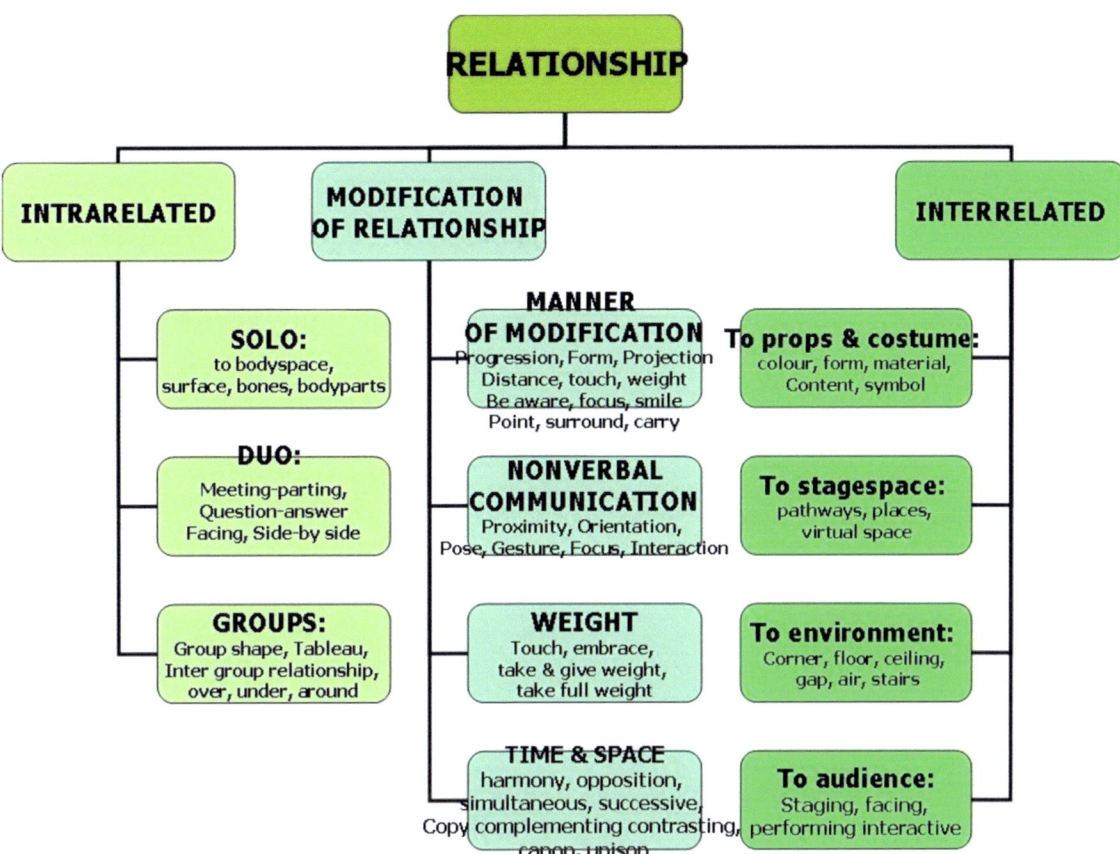

RELATIONSHIP

INTRARELATED

MODIFICATION OF RELATIONSHIP

INTERRELATED

SOLO:
to bodyspace,
surface, bones, bodyparts

MANNER OF MODIFICATION
Progression, Form, Projection
Distance, touch, weight
Be aware, focus, smile
Point, surround, carry

To props & costume:
colour, form, material,
Content, symbol

DUO:
Meeting-parting,
Question-answer
Facing, Side-by side

NONVERBAL COMMUNICATION
Proximity, Orientation,
Pose, Gesture, Focus, Interaction

To stagespace:
pathways, places,
virtual space

GROUPS:
Group shape, Tableau,
Inter group relationship,
over, under, around

WEIGHT
Touch, embrace,
take & give weight,
take full weight

To environment:
Corner, floor, ceiling,
gap, air, stairs

TIME & SPACE
harmony, opposition,
simultaneous, successive,
Copy complementing contrasting,
canon, unison

To audience:
Staging, facing,
performing interactive

Unterscheide die Möglichkeiten der Art der Beziehung, die Beziehung zwischen den Tänzern und zum Umraum.

Observation Relationsship
Beschreibe die Beziehungen auf dem Foto aus I love Milva. Beobachte dabei die Beziehung der Körperteile in der Bewegung der Tänzer, die Beziehung der Tänzer zueinander, zu den Puppen und die Beziehung der Tänzer im Raum.

NVC Duo
Gestalte eine kurzes Stück für ein Duo aus den Möglichkeiten der Nonverbalen Kommunikation.

Videoanalyse
Vergleiche in verschiedenen Tanzstilen wie Tanztheater, Gesellschaftstanz, Ballett wie und in welcher Hierarchie mit den Mitteln der Nonverbalen Kommunikation gearbeitet wird.

PROXEMICS
Grade der Annäherung

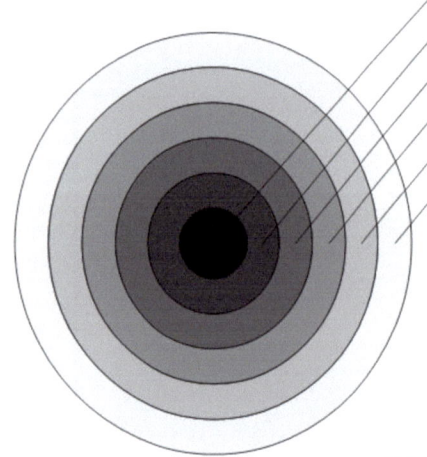

Gewicht tragen   **INTIMATE DISTANCE**
Etwas Gewicht abgeben oder nehmen
Umarmen, halten   **PERSONAL DISTANCE**
Kurze, zufällige **Berührung** **SOCIAL DISTANCE**
Focus, Vision Augenkontakt **PUBLIC DISTANCE**
Anwesenheit im Raum, Spiel mit Distanz und Nähe

Die Grade der Annäherung können durch das Gewicht beschreiben werden.

Beobachte die Beziehungen in diesen Bildbeispielen

abgenabelt, Astrid Weger 2010

Bewegungsrichtungen
Kombination der 6 Dimensionen

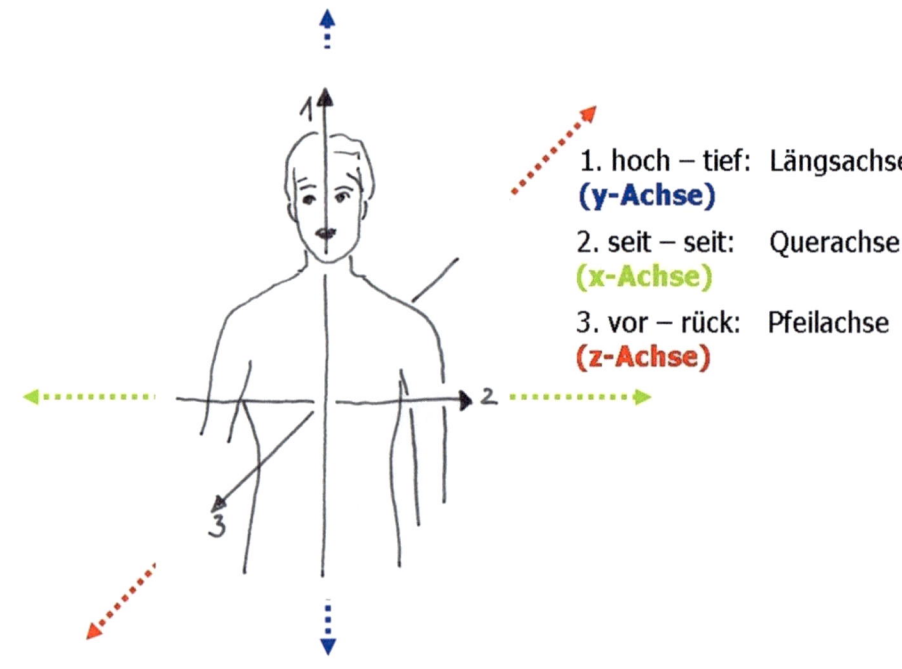

1. hoch – tief: Längsachse **(y-Achse)**

2. seit – seit: Querachse **(x-Achse)**

3. vor – rück: Pfeilachse **(z-Achse)**

Der Bewegungsraum, die Kinesphäre - Eine Bewegung geht um eine oder entlang einer Achse.

BEWEGUNGSANALYSE

Ebenen
Eine Ebene wird aus 2 Achsen gebildet.

WHEELPLANE
Querachse und Pfeilachse bilden die RADEBENE

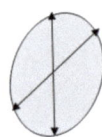

DOORPLANE
Längsachse und Querachse bilden die TÜREBENE

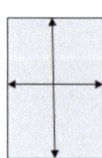

TABLEPLANE
Pfeilachse und Querachse bilden die TISCHEBENE

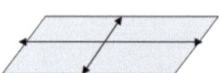

Rad-, Tür und Tischebene sind innerhalb von Gelenken oder ganzkörperlich zu beobachten

Bewegungsbeispiele
um und entlang der 3 Achsen in den 3 Ebenen

Zentrale **Achse**	Bewegung **um die Achse**	Die benutzte **Ebene** bestehend aus den (übrigen) 2 Achsen ist	(Bewegung **entlang** wäre)
Longitudinalachse *Längsachse*	Pirouette	Table Plane *Tischebene*  (Sagittal + Transversal)	Plié, relevé
Transversalachse *Querachse*	Roll down Arch back	Wheel Plane *Radebene* (Longitudinal + Sagittal)	Sidestep, Grapevine
Sagittalachse *Pfeilachse*	Rad schlagen Side curve	Door Plane *Türebene* (Longitudinal + Horizontal)	Shouldershift forward, backward

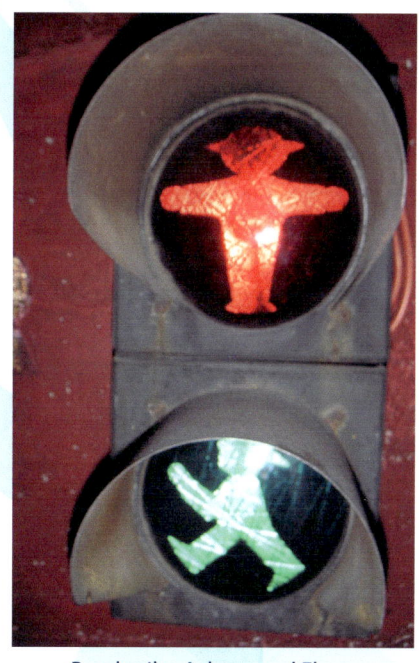

Beschreibe Achsen und Ebenen

SIZE OF **SPACE**

..betrifft die Grösse des benutzten Bewegungsraumes in der

Kinesphäre (*personal space*)
und im
Bühnenraum (*general space*)

Die Grösse unterstützt den Ausdruck von mehr oder weniger Energieeinsatz.

In der Nonverbalen Kommunikation drückt

der grosse Raum
Publizität, ein kleiner Raum

Intimität aus.

SPACE ASPEKT:

COPYING

COMPLEMENTING

CONTRASTING

<u>Orchestrierung</u>   Die durch die Gruppe erzeugten Bewegungsbilder sollten jederzeit zu stoppen sein, und dann ein interessantes Thema des Tanzes zeigen.

<u>Visual Bodydesign</u>   Die einzelnen Tänzer bilden Beziehungen durch die Nähe zu den anderen und zum Luftraum durch ihre Form (*Copy, Complementary, contrasting design*)

<u>Progression + Shape</u> Die Luftlinien bilden auch eine Aussage durch Vorstellungen die im Zuseher entstehen (Kreisform des Armes).

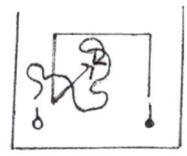

<u>Virtueller Raum</u>   Der Tänzer bildet Formen im Raum (floorpattern, airpattern), auch durch die Negativform zwischen den Tänzern

Raum bildet sich durch Bewegung, Shapes, durch Bodenwege und Luftmuster.

Bühnenraum Zeichen   *stagearea signs*

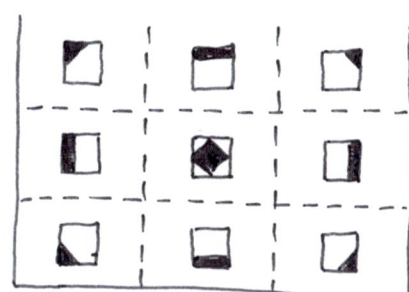

Stagearea signs
können die prinzipielle Bühnennutzung der 9 Hauptbereiche beschreiben.

Die Peripherie des Raumes, die Mitte des Raumes, das Zentrum des Raumes (*center center*).

Der Bühnenraum kann durch seine Nutzung in 9 Bereiche geteilt werden.

Gestalte zu diesen Floorplans eigene Bewegungen. Das Publikum ist aus der Sicht des Tänzers oben.

Spiele mit dem Raum

Verwende eine Bewegungsphrase und bearbeite diese durch Wechsel der Ebene, durch Veränderung der Bewegungsachse, durch Veränderung der Grösse der Bewegung, durch Ausführung auf dem Boden liegend, durch Fragmentieren einer Pose aus dieser Phrase, durch Platzierung auf einen anderen Ort der Bühne.

Symbol	Bezeichnung	Beschreibung
→	Translation	an einem neuen Ort, in eine andere Zeit oder ein anderes Körperteil übertragen
↔	Reflektion	rechts auf links, hoch auf tief, vorwärts auf rückwärts übertragen
↻	Rotation	drehen einer Form um eine Achse
И → X	Sizing	vergrößern oder verkleinern einer Form
⇄	Retrogradation	eine Form (z.B. ein Raumweg) vom Ende zum Anfang tanzen

Ein Motiv kann in räumlicher Symmetrie in Körper und Raum verändert werden.

SPACE   RAUM   *„the dance environment"*

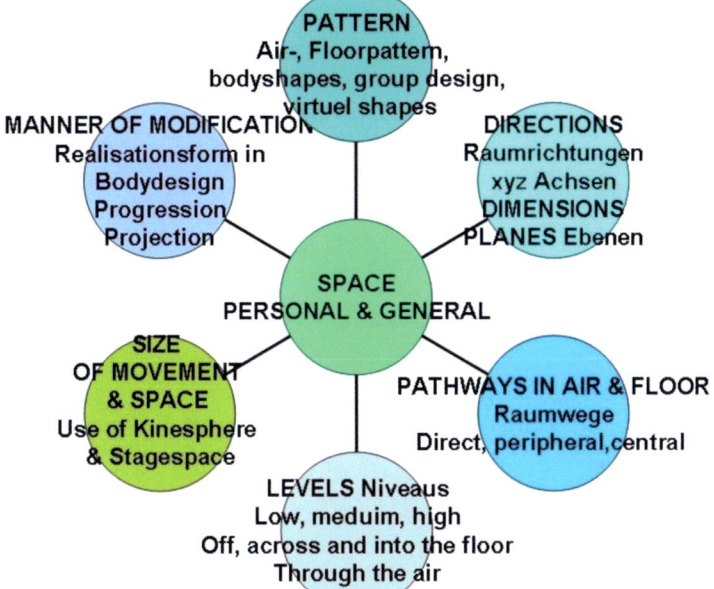

- **PATTERN** Air-, Floorpattern, bodyshapes, group design, virtuel shapes
- **MANNER OF MODIFICATION** Realisationsform in Bodydesign Progression Projection
- **DIRECTIONS** Raumrichtungen xyz Achsen **DIMENSIONS** **PLANES** Ebenen
- **SPACE PERSONAL & GENERAL**
- **SIZE OF MOVEMENT & SPACE** Use of Kinesphere & Stagespace
- **PATHWAYS IN AIR & FLOOR** Raumwege Direct, peripheral, central
- **LEVELS** Niveaus Low, meduim, high Off, across and into the floor Through the air

---

*Definition der 8 Bewegungsrichtungen von **place** aus.*

Du stehst auf deinem Handy-Pad auf der 5.

Die 8 Plätze rundherum ergeben die Raumrichtungen, die aus der Mitte (*place*) beschreibbar sind. Dieser Mittelpunkt kann in alle drei Levels und in jedes Gelenk gelegt werden.

1	2	3
4	5	6
7	8	9

diagonal links vor	vor	diagonal rechts vor
links seit	**place**	rechts seit
diagonal links rück	rück	diagonal rechts rück

Verwende ein Bewegungsmuster in der Kinesphäre und übertrage es auf den Bühnenraum

Zwei Seelen wohnen, ach, in meiner Brust, Tryout Sarah-Sophie Gruber 2007

Feder und Boxschlag
Laban beschreibt die Energie in einem Modell der Nutzung von Gewicht, Raum,
Bewegungsfluss und Zeit, dem Effortgraph. Improvisiere mit den dynamischen Gegensätz
des Effortgraphs - tanze mit leichten, kurvigen, freien, langsamen oder heftigen, direkten,
gebundenen, schnellen Bewegungen.

Energiewörter
Finde zu jedem Buchstaben ein Wort zur Energie. Wähle 3 aus, die du in einer
Bewegungsphrase verwenden möchtest.

        a ngespannt
        b öse
        c razy
        d umpf

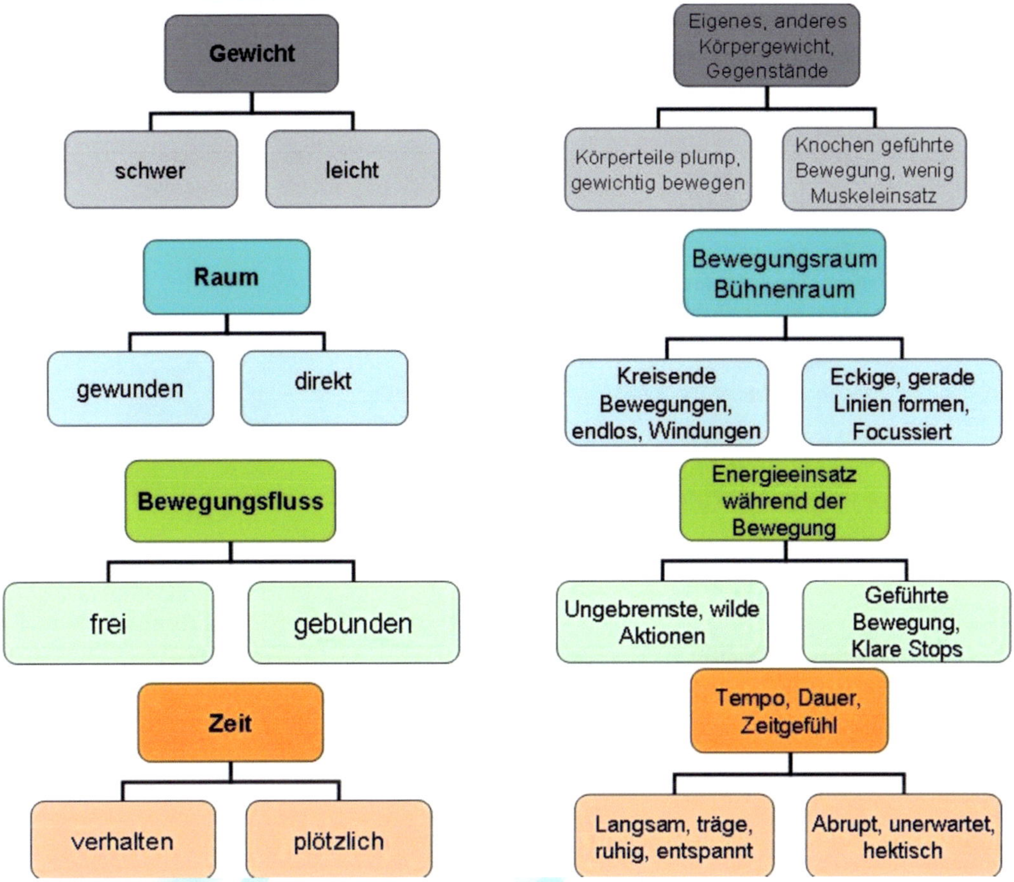

Gewicht		Eigenes, anderes Körpergewicht, Gegenstände	
schwer	leicht	Körperteile plump, gewichtig bewegen	Knochen geführte Bewegung, wenig Muskeleinsatz

Raum		Bewegungsraum Bühnenraum	
gewunden	direkt	Kreisende Bewegungen, endlos, Windungen	Eckige, gerade Linien formen, Focussiert

Bewegungsfluss		Energieeinsatz während der Bewegung	
frei	gebunden	Ungebremste, wilde Aktionen	Geführte Bewegung, Klare Stops

Zeit		Tempo, Dauer, Zeitgefühl	
verhalten	plötzlich	Langsam, träge, ruhig, entspannt	Abrupt, unerwartet, hektisch

Probiere die dynamischen Gegensätze einzeln aus, welche sind dir am liebsten?

Spiele mit der Zeit

Tanze einzelne Bewegungen ganz langsam.

Verändere die Zeit durch zunehmend schneller werden und dann wieder langsamer werden bis zum Stillstand.

Tanze nur mit dem Oberkörper. Tanze mit der rechten Körperseite das doppelte Tempo.

Tanze extrem schnell zu langsamer Musik.

Beschreibe das Gefühl beim Langsam- und Schnelltanzen.

Vergleiche Bewegungstempi im Alltag.

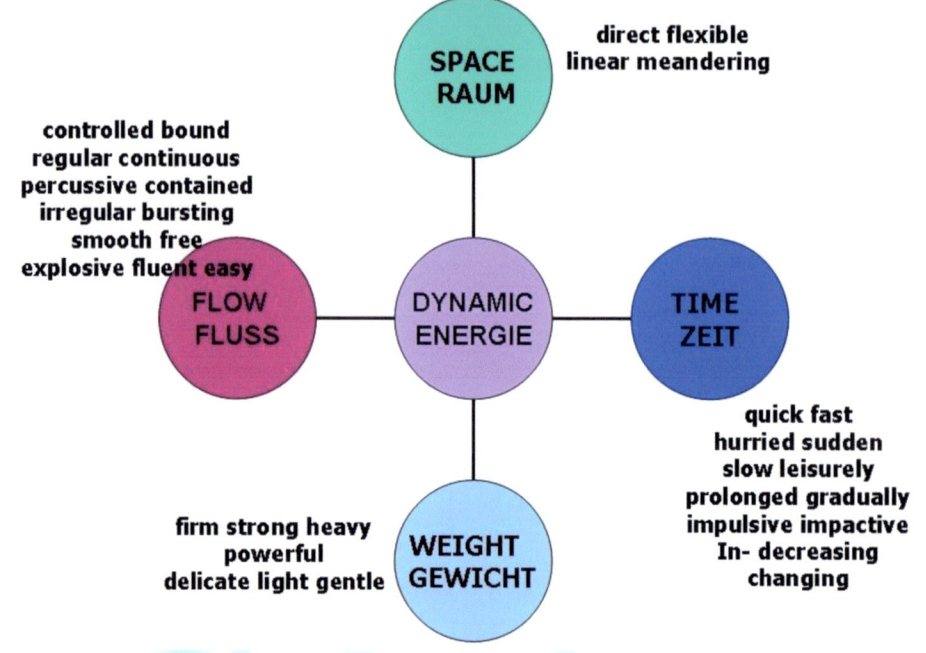

DYNAMIC –
The expression and artistry of the movement

SPACE RAUM

direct flexible
linear meandering

controlled bound
regular continuous
percussive contained
irregular bursting
smooth free
explosive fluent easy

FLOW FLUSS

DYNAMIC ENERGIE

TIME ZEIT

quick fast
hurried sudden
slow leisurely
prolonged gradually
impulsive impactive
In- decreasing
changing

firm strong heavy
powerful
delicate light gentle

WEIGHT GEWICHT

GLIEDERUNG DURCH ENERGIE

Die zeitliche Festlegung des Höhepunkts (*Climax*) beeinflusst
die Dramaturgie der Zeitlinie.

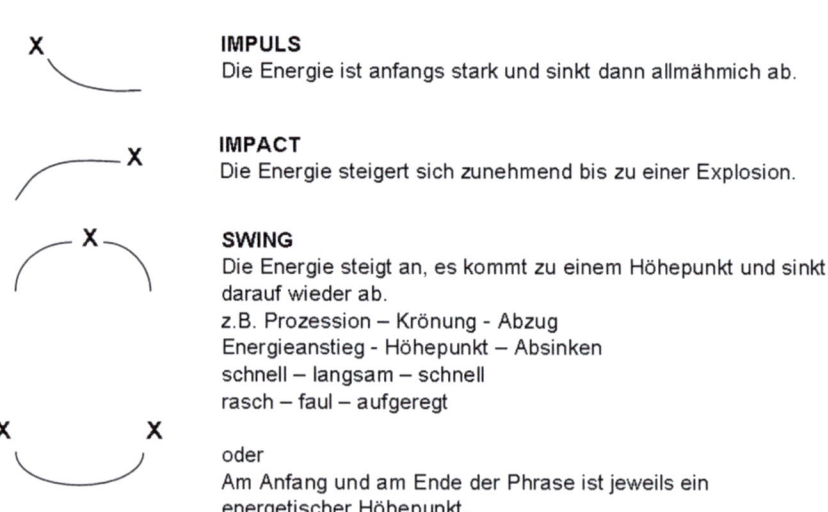

IMPULS
Die Energie ist anfangs stark und sinkt dann allmähmich ab.

IMPACT
Die Energie steigert sich zunehmend bis zu einer Explosion.

SWING
Die Energie steigt an, es kommt zu einem Höhepunkt und sinkt
darauf wieder ab.
z.B. Prozession – Krönung - Abzug
Energieanstieg - Höhepunkt – Absinken
schnell – langsam – schnell
rasch – faul – aufgeregt

oder
Am Anfang und am Ende der Phrase ist jeweils ein
energetischer Höhepunkt.

38

Der Energiehöhepunkt einer Phrase kann am Anfang, Ende oder in der Mitte sein.

DANCE DESIGN

CHOREOGRAPHISCHER PROZESS

Die Schritte der Genese einer Choreographie sind
die phantasievolle Sammlung von Material, das Kondensieren der Essenz
und das Designen der choreographischen Gestalt.

1.EXPLORATION	2. OPERATION	3. SHAPING
Motivation durch Impuls	Selektion durch Entscheidungen	Strukturierung von Zeit und Raum
Sensorische Annäherung	Intuitive Auswahl	Styling and Shaping von Images
Mind Mapping	Operation und Materialbearbeitung	Design des Nexus und der theatralischen Mittel
Ideencluster	Links und Höhepunkte	Inszenierungsstrategien
Improvisation	Thematische Variation	Organisation des Set
Vorstellungsdesign	Kompositionsstrategien	Choreographisches Design
	Bewegungsdesign	Overall View

Die Schritte des Choreographierens sind das Ausloten, Bearbeiten und Formen.

Im-pro-videre, aus dem Lateinischen, bedeutet ursprünglich „nicht vorhersehen". Im Tanz beschreibt man mit Improvisation die Bewegungsreaktion auf einen Impuls zur Bewegungsfindung. Die Imaginationsideen kommen aus der Wahrnehmung durch die Sinnesorgane, vornehmlich Augen, Ohren, Haut. Der Stimulus kann visuell (Video), akustisch (Alltagsgeräusche), haptisch oder taktil (raue Oberfläche), kinästhetisch (bewegungsbasiert), ideell (als Geschichte) anregen.

Beispielsweise motiviert ein Impuls verschiedene Wahrnehmungsebenen gleichzeitig: Der Gegenstand Ball kann visuell zur dreidimensionalen kugeligen Gestalt inspirieren, akustisch zu Prellrhythmen bei Sprüngen, haptisch zu gewundenen oder linearen Raumwegen, der Körper kann die Bewegung des Balles im Sprung imitieren, oder der Ball erzählt seine Erlebnisse.

Ein Stimulus beeinflusst die Sinnesorgane, ruft Gefühle und Aktivität hervor.
Die Choreographie kann aus mehreren Impulsen entstehen.

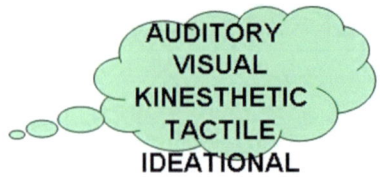

AUDITORY
VISUAL
KINESTHETIC
TACTILE
IDEATIONAL

AUDITORY - Musik oder akustische Impulse (z.B. Alltagsgeräusche) können durch Rhythmus, Melodie oder Harmonie eine Stimmung hervorrufen.
VISUAL - Bilder, Objekte, Architektur, Muster geben uns optische Eindrücke durch deren Rhythmus, Linie, Form, Textur, Farbe, Benutzerzweck Vorstellungen. Z.B: ein Sessel ist Gewichtträger, Winkel, Thron, Falle, Waffe..
KINESTHETIC - Tanz entsteht aus der Bewegung selbst, ein Motiv oder die Bewegungsphrase ist der Stimulus und wird weiterentwickelt.
TACTILE - Die Berührung eines Objekts ruft Bewegung hervor (Samt), das Erfahren und Greifen mit der Hand ist der haptische Impuls.
IDEATIONAL - ist die häufigste Art der Inspiration: Der Tanz hat die Intention eine Geschichte zu erzählen, eine Idee oder narrative Kommunikation zu erzeugen. Die Ideen haben eine bestimmte Aura, erzählerische Form.

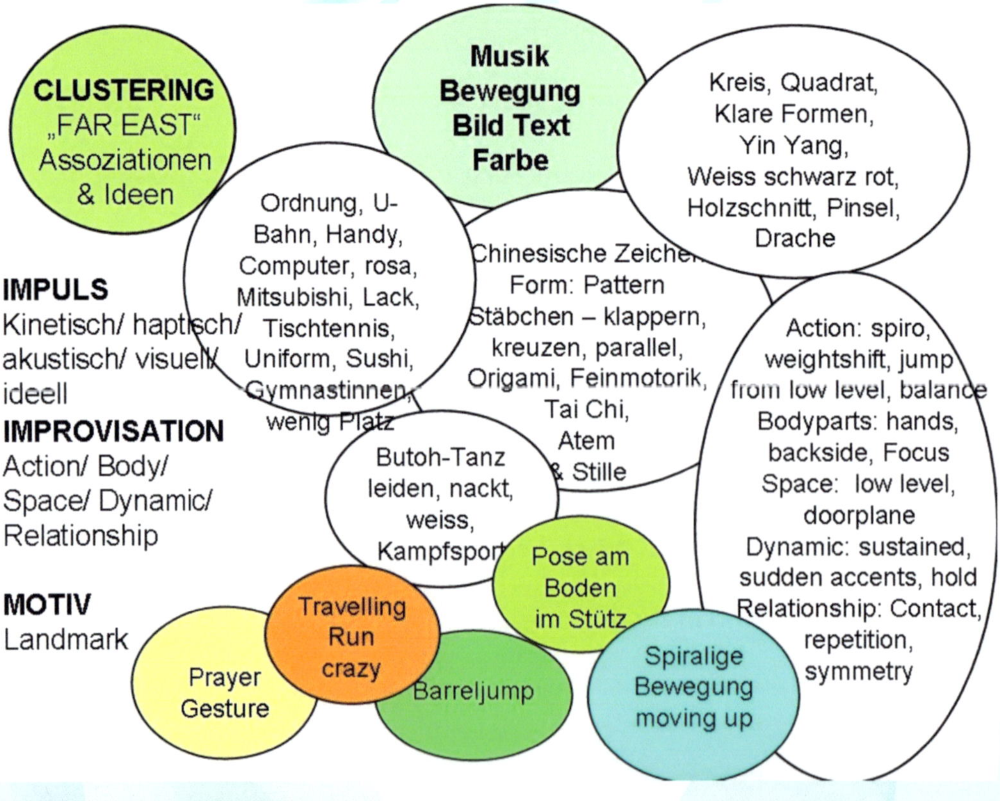

CLUSTERING
„FAR EAST"
Assoziationen
& Ideen

**Musik
Bewegung
Bild Text
Farbe**

Kreis, Quadrat,
Klare Formen,
Yin Yang,
Weiss schwarz rot,
Holzschnitt, Pinsel,
Drache

Ordnung, U-
Bahn, Handy,
Computer, rosa,
Mitsubishi, Lack,
Tischtennis,
Uniform, Sushi,
Gymnastinnen,
wenig Platz

Chinesische Zeichen
Form: Pattern
Stäbchen – klappern,
kreuzen, parallel,
Origami, Feinmotorik,
Tai Chi,
Atem
& Stille

Action: spiro,
weightshift, jump
from low level, balance
Bodyparts: hands,
backside, Focus
Space: low level,
doorplane
Dynamic: sustained,
sudden accents, hold
Relationship: Contact,
repetition,
symmetry

IMPULS
Kinetisch/ haptisch/
akustisch/ visuell/
ideell

IMPROVISATION
Action/ Body/
Space/ Dynamic/
Relationship

MOTIV
Landmark

Butoh-Tanz
leiden, nackt,
weiss,
Kampfsport

Travelling
Run
crazy

Prayer
Gesture

Barreljump

Pose am
Boden
im Stütz

Spiralige
Bewegung
moving up

Gekko Park, Astrid Weger 2010

Blogg me, baby, Astrid Weger 2010

Entwirf zu einem Impuls einen Cluster, in dem Ideen für einen Tanz zu finden sind. Nimm die Assoziationen für eine Pose, für eine Fortbewegung und für eine Bewegungsdynamik und entwickle daraus eine Bewegungsmotiv.

CHOREOGRAPHIC TREE

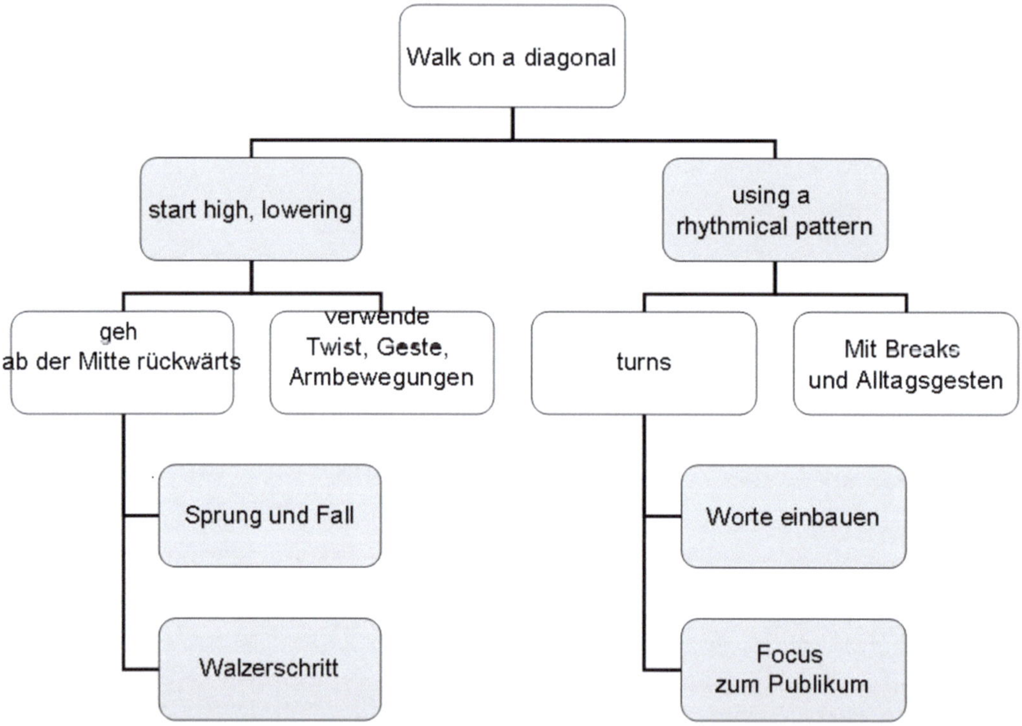

```
                          Walk on a diagonal

        start high, lowering                    using a
                                              rhythmical pattern

   geh              verwende                              Mit Breaks
ab der Mitte       Twist, Geste,          turns        und Alltagsgesten
rückwärts          Armbewegungen

        Sprung und Fall                    Worte einbauen


        Walzerschritt                         Focus
                                           zum Publikum
```

manipulation

efundenes
ewegungsmaterial wird
s Motiv vom
horeographen stilistisch
ir das Stück adaptiert.
löglichkeiten der
earbeitungergeben sich
ereits bei
leichbleibendem
ewegungsmaterial ,
usserdem durch
eränderung der Dynamik,
er genutzten Körperteile
der des Raumes.

Ho-Tech, Daniela Fish-Cottogni 2010

VARIATION DES MOTIVS

Die Bearbeitung (Operation, Manipulation) geschieht durch folgende Möglichkeiten:

Bewegungsmaterial bleibt im Original:
Repetition (Wiederholung), Mirroring (Spiegelung), Retrograde (Rücklauf),
Fragmentation (Isolation), Additive (Hinzufügung), Incorporative (Einfügung)

Variation der Dynamik:
Condension (Verdichtung) / Expansion (Erweiterung), Tempo
(Geschwindigkeit), Rhythmus (Betonung), Qualität (Emotion), Energie
(Dynamik)

Variation der Körperteile:
Instrumentation (Einsatz von Körperperteilen), Inversion (Wechsel von
Körperteilen), Background (Hierarchie), Ornamentierung (Schmückung)

Variation des Raums:
Staging (Raumausnutzung), Facing (Ausrichtung), Scaling
(Bewegungsgrösse), Change of Planes (Ebenenwechsel),Change of Levels
(Niveauwechsel)

Verbindung mehrerer Möglichkeiten hintereinander oder gleichzeitig:
Combination (Zusammensetzung)

ZEITLICHE VARIATION DES BEWEGUNGSMOTIVS

Beispiele zur Variation der Aktionsformen von Originalmotiv „A",
vor allem durch Veränderung der zeitlichen Struktur.

	1	2	3	4	5	MOTIV
A:	run circle right	jump	fall	turn right	stillness	**Original**
B:	jump	fall	turn right	stillness	run circle right	**Kanon**
C:	run	jump - fall	turn - stillness			**Timing**
D:	jump - fall - turn					**Condense**
E:	stillness	turn right	fall	jump	run circle right	**Retrograde**
F:	run circle left	jump	fall	turn left	stillness	**Mirror**

Choreographische Variationen, die durch zeitliche Veränderung der Reihenfolge der Motive entstehen.

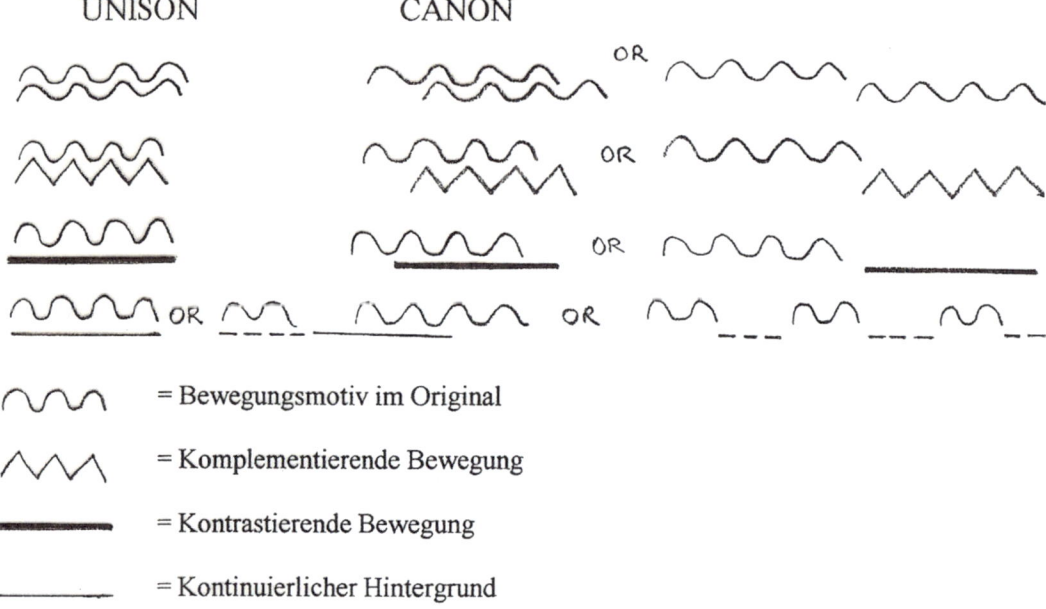

UNISON   CANON

⌒⌒⌒ = Bewegungsmotiv im Original

∧∧∧ = Komplementierende Bewegung

▬▬▬ = Kontrastierende Bewegung

──── = Kontinuierlicher Hintergrund

Gleichzeitig oder kanonisch versetztes Motiv im Original, in Bearbeitung oder im Kontrast

Herz-zer-reissend, Monika Gruber 2010

PARTNERWORK

Führen und Folgen

Frage und Antwort

Treffen und Weggehen

Symmetrie und Asymmetrie

Matching und Mirroring

Kontrast und Komplementieren

Probiere die Variationsmöglichkeiten im Duo

Komposition

Das lateinische Wort com-ponere bedeutet „zusammen-setzen", daraus wird deutlich, da[s]
das Setzen (Setting) neben dem kreativen Aspekt aus dem handwerklich fundierten
Zusammenfügen von Tanzmaterial besteht. Die Gestaltungsmethoden bzw.
Kompositionsstrategien sind abhängig von der Zielsetzung des Stückes, von der Anzahl [der]
Tänzer und der Idee des Choreographen.
Inszenierungssstrategien beschreiben den dramaturgischen Gesamtaufbau einer
Choreographie, eine häufige Gestaltungsform ist A B A´. Die Images, also die Bilder, in de[n]
Tanzstudien werden durch Übergänge aneinandergereiht und dramaturgisch durch
optische oder dynamische Höhepunkte gegliedert. Beispielsweise kann der Einstieg
terrassenförmig (mit zunehmender Tänzeranzahl) sein, das vorgestellte Material wird da[nn]
extrahiert und fragmentiert und schließlich in Raum und Dynamik verstärkt
(Augmentation). Die Struktur wird deutlich, wenn das Stück grafisch dargestellt wird, z.B.
Storyboard um die Bilder des Ablaufs zu verdeutlichen oder mit der Zeitachse, wodurch [das]
Verhältnis zur Musik oder Tonkulisse gezeigt wird. Probiere verschiedene Kompositions-
und Inszenierungsstrategien aus, um zu einer persönlichen Handschrift zu finden.

TANZFORM *dancedesign*

Motiventwicklung
Die *shaped phrases* beinhalten Stil und Image des Tanzes.

Motivvariation
Variation und Wiedererkennung machen den Stil des Choreographen im Stück aus.

Transition
Übergänge, Links oder Transitions sind die Bindeglieder zwischen den einzelnen
Motiven. Sie können komplex sein, überlappend, auch plötzlich.

Highlights
Bestimmte Momente eines Tanzes sind durch das Spiel mit Qualität, Raum oder Zeit
besonders bemerkenswert. Durch hinzufügen, wechseln oder kontrastieren von
Bewegung, wodurch die Bewegungen stärker oder weicher, länger oder kürzer
werden. Durch sorgfältiges Plazieren der Höhepunkte kann die Aussage des
Tanzes für das Publikum klar werden.

Unity, Variety, Contrast
Die Tanzidee soll logisch und einheitlich entwickelt werden, Variation verhindert die
Monotonie und gibt dem Hauptimage eine lebendige Schattierung. Kontrast bringt
einen neuen Gesichtspunkt, eine andere Qualität bzw. einen Break vom
Geschehen. Alle 3 Elemente sind Teil des Gestaltungsprozesses.

Chance
Zufall und Unvorhergesehenes mischen sich in die Komposition und sind bewusster
Teil der Form. (z.B. Merce Cunningham und John Cage).

KOMPOSITIONSSTRATEGIEN

Thema und Variation – Veränderung des vorgestellten Originalmaterials

Mirroring - Spiegel - gegengleich tanzen, auch mit Frontwechsel

Akkumulation - 1 – 1, 2 – 1, 2, 3 - Materialergänzung durch Wiederholung von Anfang an

Cut and paste – Bewegungsmaterial wird aus dem Kontext herausgenommen und an anderer Stelle eingefügt

Entwicklung – development Ein Motiv extrahieren und weiterentwickeln

Fragmentierung - Isolation wird ein Aspekt wird bearbeitet (z.B. die Kopfbewegung)

Retrograde – Krebs – die Bewegung wird von hinten nach vorne getanzt

Inversion – binnenkörperliche Verlegung der Bewegung z.B. Fuss statt Hand

Augmentation - Expansion - Das Phrasenelement wird länger

Diminuition - Die Phrase wird gekürzt, kleiner, schneller getanzt

Verfremdung – Transformation Veränderung von Energie, Takt, Focus

Ornamentierung – Embellishment Ergänzung von Material als **Splicing** – verwoben (Drehsprung) oder **Insertion** – oder dazwischengesetzt (Sprung – Drehung - Sprung)

Complementing / Contrasting - Ergänzendes oder Gegensätzliches wird hinzugefügt, um ein Thema zu betonen oder einen Kontrast einzubringen

INSZENIERUNGSSSTRATEGIEN

Layering - hinzufügen von weiteren Bewegungsmaterialien, bis ein Teppich aus verschiedenen Materialien da ist

Sandwiching - ein 2. Material wird zwischen das bestehende Material eingefügt

Satellit / Trojaner - ein 2. Bewegungsmaterial wird kontrapunktisch oder improvisatorisch eingebracht

Patchworking – Zusammensetzen von Einzelelementen ohne organischer Übergänge

Micky Mousing – punktgenaue Musikinterpretation

Blocking – Bewegungsmaterial des Leaders in der Gruppe kopierend übernehmen

Landscape – die Hintergrundgruppe begleitet ergänzend, kontrastierend den Protagonisten

Terrassendynamik – Kanonische Einsätze des akkumulierenden Ensembles

Tableau – dreidimensionales Groupshape

Crossfaded Links – das Ende eines Images wird mit dem Anfang des nächsten gemischt

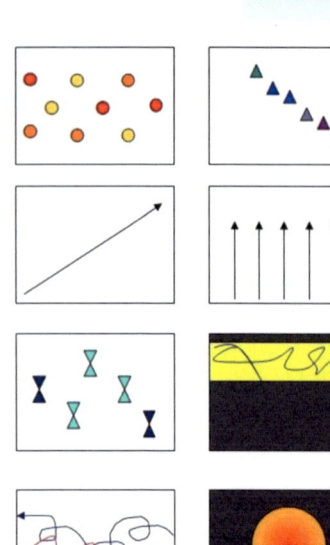
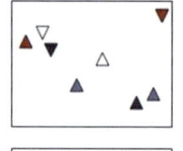
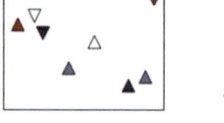

FORMATIONEN & FLOORPLANS

Lückenaufstellung
Stirnreihe in der Diagonale
Cluster

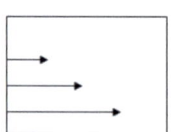

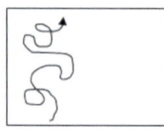

Diagonal across
Line Upstage nach Downstage
Quer mit Kanonischem Einsatz

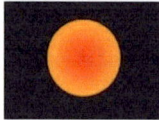
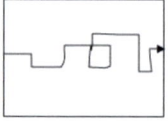

Duoshapes in Lückenaufstellung
Lichtschneise Rampenparallel
Curved Pathways

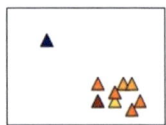

Curved Pathways mit Enter und Exits
Center Spot
Eckiger Raumweg

Kontrast Solo und Landscape
Periphere Ausleuchtung
Downstage Center Mimik
(aus Sicht des Tänzers)

Floorplans zeigen die Formationen, Raumwege und Lichtgestaltung einer Choreographie

Bühnenraum   *Stagespace*

Wir beschreiben die Bühne aus der Sicht des Tänzers.

Downstage = Publikum = audience

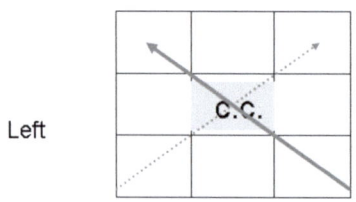

Left   c.c.   Right

Upstage = Operafolie /Cyclorama

Aus Sicht des Publikums ist *links* die Vergangenheit und *rechts* die Zukunft, d.h. für den Tänzer fliesst die Zeit (umgekehrt) von stage right nach stage left.

center center   = c.c. = Mitte der Bühne, der stärkste Platz, hat die grösste Kraft
down center   = verbindet die Präsenz mit Nähe, stark und direkt „here and now"
more downstage = mehr Deutlichkeit, mehr Gesten, mehr Humor
closer   = Nähe fordert vom Publikum mehr Aufmerksamkeit
Upstage   = mehr Bodyshapes, Formationen, Scherenschnitteffekt
down left   = Raum für Szenen, Beziehungen, Intimität
upstage left   = Schwächerer Raum, Platz für geringere Wichtigkeit
The powerful diagonal = upstage right to downstage left

Bühnenraum und Bewegung stehen in Beziehung miteinander

TANZDOKUMENTATION

Titel der Choreographie:
Art der künstlerischen Arbeit

Tänzer / Choreograph:

Aufführungsort / -tag:

CHOREOGRAPHISCHE BEURTEILUNG	
Cluster / Assoziationen / Thema / Stimulus	
Akustische Gestaltung / Musikauswahl / -schnitt	
Optische Gestaltung Props / Bühne / Kostüme	
Raumnutzung	
Choreographische Struktur	
Tanzwitz / Spannung / Dynamik / Highlights / Transitions	
TÄNZERISCHE BEURTEILUNG	
Präsentation / Bewegungsstil	
Bewegungsqualität Flow / Bewegungsbreite/ Bewegungskapazität / Präsenz / Stamina / Flexibilität	
Vorbereitung	
Administrative / soziale Kompetenz	
Dokumentation Inhalt/ Verständnis/ Form	
GESAMTEINDRUCK	

Stückbeurteilungsbogen nach prozess- und projektorientierten Kriterien

BEOBACHTUNGSBOGEN FÜR BEWEGUNGSMOTIVE

Titel des Stücks / Choreograph / Tänzer
Stil / Musik
Darsteller / Kostüme / Ausstattung
Allgemeine Beschreibung

Choreographische Struktur ZEITLINIE →							
Körper teile							
Aktionen							
Raum							
Dynamik							
Beziehung							
Persönl. Eindruck							

49

KATEGORIEN DER BEWEGUNGSANALYSE

MOTIVATION	Beschreibung	*Beispiel*
DIRECTIONAL DESTINATION	Bewegungsziel im Raum	*Arm zum Fenster*
MOTION	Bewegung durch den Raum	*Armkreis*
ANATOMICAL CHANGE	Gelenksbewegung	*Knie beugen und strecken*
VISUAL DESIGN	optischer Effekt	*Zickzack gehen*
RELATIONSHIP	Beziehung	*ansehen, berühren, halten, tragen*
CENTER OF WEIGHT, BALANCE	Gewichtstransfer	*Zehenstand*
DYNAMICS	Bewegungsqualität	*schwer, schnell, direkt, hart*
RHYTHMIC PATTERN	musikalische Phrasierung	*1 + 2 - 3 - 4*

Die Bewegungsbeschreibung nach den passenden Beobachtungskriterien

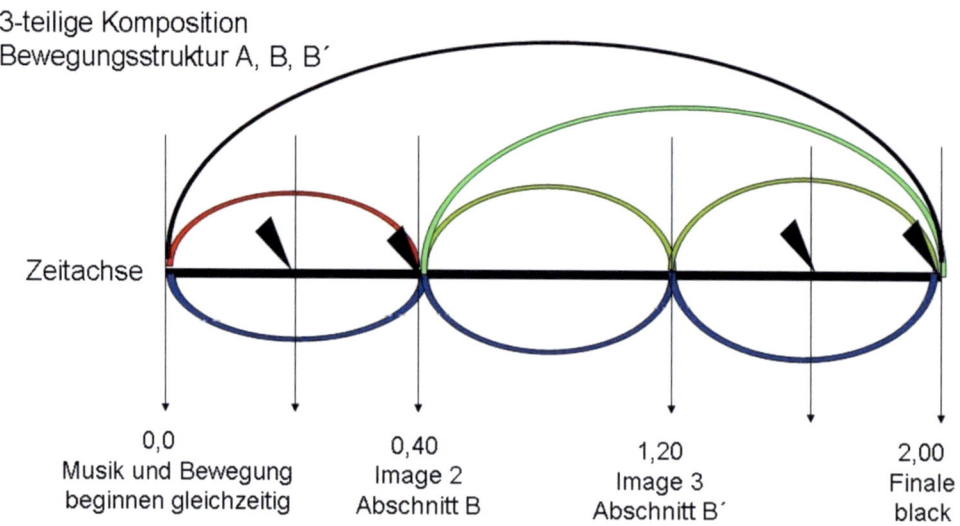

TIMELINE *Zeitachse der Komposition*

3-teilige Komposition
Bewegungsstruktur A, B, B´

Zeitachse

| 0,0 | 0,40 | 1,20 | 2,00 |
| Musik und Bewegung beginnen gleichzeitig | Image 2 Abschnitt B | Image 3 Abschnitt B´ | Finale black |

3-teilige Klangstruktur
Grafische Phrasierungsbögen
Verbale Beschreibung der Bilder (Images) und der Höhepunkte

Durch die Zeitachse wird die Gesamtstruktur des Stückes grafisch symbolisiert

50

Choreographische Kompositionstruktur als Storyboard

Abschnitt	I.	II.	III.	IV.
Tänzer a	Solo a Bew.Mat. A	Duo a + b Bew.Material A´ + B		Duo a + b Bew.Material B´
Tänzer b			Solo b Bew.Material C	
Image	Dream Introduction	Drugs Contact Improvisation	Lover Dynamic jump and fall sequence	House Slow motion shapes moving upstage in fade
Space Design	a ——▸ ▾ b	(a b)	◂ ● a b	↑ ↑ b a
Counts	----/----// ----/----// ----/----// ----/----// 4 x 8 ZZ	/ / / / / / / / / / / / / / / / / / / / / / / / / / / / / / / / 4 x 8 x 8	/ / / / / / / / / / / / / / / / 2 x 8 x 8	Ohne Zählzeiten ca. 50 sec
Musik	Adagio	Allegro	Chello Solo	Stille

Zeitliche Gliederung: Abschnitt I.- IV.
Darsteller: Tänzer a und b mit Bewegungsmaterial A, A´, B, B´, C als Solo und Duo
Szenen in thematischen Bildern, Bühnenraum mit Floorplan, Musikalische Struktur

Das Storyboard zeigt Gliederung der Bilder (Images) im Verhältnis zur Zeitachse.

Die grafische Visualisierung als Skizze, Strichmännchen, Timeline, oder
Storyboard ist sowohl ein Mittel den Tanz strukturell festzuhalten als auch um
die eigenen Vorstellungen zu einer Choreographie zu klären.

Reflexion

Finde während der eigenen choreographischen Arbeit und in der
Beobachtung eines Tanzstückes Antworten zu den Fragen und halte
deine Überlegungen fest.
Ist das Thema reizvoll? Gibt es eine Botschaft, die mich tangiert?
Berührt mich das Stück? Zieht mich das Stück in eine eigene Welt?
Werde ich von den Tänzern gefangen und erlebe ich spannende
Momente?
Sehe ich ansprechendes oder aufregendes Bewegungsmaterial?
Stehen die Strands der Komposition mit der Tanzidee in Beziehung?
Erkenne ich eine choreographische Handschrift?

Literaturverzeichnis

Blom, Lynne Anne, Chaplin, L.Tarin: The Intimate Act of Choreography, Dance Books, Lond 1989.

Bogart, Anne, Landau, Tina: The Viewpoint Book [A Practical Guide to Viewpoints and Composition] Theatre Communication Group, New York 2007.

Duerden, Rahel, Fisher, Neil: Dancing off the Page, [Performance, Choreography, Analysis a Notation Dokumentation], Dance Books, Hampshire 2007.

Franklin, Eric N.: Tanz-Imagination [Das Handbuch für Training und Bühne], VAK, Kirchzarte 2009.

Laban, Rudolf von: Choreutik. [Grundlagen der Raum-Harmonielehre des Tanzes] Noetzel, Wilhelmshaven 1991.

Ds.: Der moderne Ausdruckstanz, Noetzel, Heinrichshoven 2001

Newlove, Jean: Laban for Actors and Dancers [Putting Laban´s Movement Theory into Practice], Nick Hearn, London 2007.

Rickett-Young, Linda: Dance Sense [Theory and Practice for GCSE Dance Students], Northcote House, Plymouth 1997.

Schrader, Constance A.: A Sense of Dance [Exploring your Movement Potential], Human Kinetics, Leeds 2005.

Scheff, Helene, Sprague, Marty, McGreevy-Nichols, Susan: Experiencing Dance [From Stud to Dance Artist], Human Kinetics, Leeds 2004.

Smith-Autard, Jacqueline M.: Dance Composition, Lepus Books, London 2004.

Preston-Dunlop, Valerie: Looking at Dances [A choreological perspective on choreography Verve, London 1998.

Tufnell, Miranda, Crickmay, Chris: Body Space Image [Notes towards improvisation and performance], Dance Books, Hampshire 2001.

Abbildungsnachweis

Alle Performancefotos: Paul Rehrl aus den Abschlussaufführungen der Tanzklassen des Musischen Gymnasiums Salzburg.

Coverbild, S. 36: Monika Gruber

Alle übrige Abbildungen und Grafiken: Astrid Weger

Besonderen Dank an Daniela Fish-Cottogni, Monika Gruber und allen abgebildeten TänzerInnen.

think dance! shortcut Komposition 2010 geht auf den Lehrplan Tanz in der Schule ein. Für Hinweise und Anregungen zur weiteren Bearbeitung sind wir dankbar.

Kontakt: Astrid Weger, Musisches Gymnasium Salzburg astrid@weger.org